하루 한 줄, 나를 깨우는 우리시 필사 노트
꽃에게 별에게 그대에게

목언예학

꽃에게 별에게 그대에게

엮은이 · 민병도, 정경화
펴낸이 · 민병도
펴낸곳 · 목언예원

초판 인쇄 : 2025년 10월 10일
초판 발행 : 2025년 10월 15일

목언예원
출판등록 : 2003년 2월 28일 제8호
경북 청도군 금천면 선바위길 53 (신지2리 390-2)
전화 : 054-371-3544 (팩스겸용)
E-mail : mbdo@daum.net

ISBN 979-11-93276-33-4 03810

저자와의 협의에 의해 인지를 생략합니다.

값 20,000원

하루 한 줄, 나를 깨우는 우리시 필사 노트
꽃에게 별에게 그대에게

목언예원

하루 한 줄,

나를 깨우는

우리시

필사 노트

꽃에게

별에게

그대에게

책머리에

대한민국이 자랑스러운 이들과

 어린 날 학교의 교과과정 가운데서 외웠던 100여 편의 시조가 한 평생 마음속에서 때로는 바람처럼, 때로는 햇살처럼 살아 숨쉬고 있습니다.

"임 향한 일편단심이야 가실 줄이 이시랴"
"품어 가 반길 이 없을 새 글로 설워하나이다"
"날 같이 잠 아니 오면 어느 꿈에 뵈리오"
"밤비에 새잎 곳 나거든 날인가도 너기소서"

 우리시 종장에서 보인 이 충일한 감성들이 어디 이 작품들 만이겠습니까. 어쩌면 이러한 절절한 생각들이 민초의 가슴에 썩지 않는 희망으로 자리 잡고 있는지 고맙고도 놀라울 때가 한두 번이 아닙니다. 그런데 지금 이 땅의 청소년들은 이 멋진 우리네 마음의 깊은 숨결을 느껴보지 못하고 있습니다. 누군가가 우리시, 시조를 만날 기회를 빼앗아버렸기 때문이지요.

시조는 눈부신 나랏말, 우리의 한글문학입니다. 오늘날 세계적인 선풍을 일으키는, 소위 K Culture의 시원이 우리말과 한글이 이룩한 정신문화의 성취입니다. 물론 그 발원지에는 민족의 모든 지성들이 진단하고 처방해 온 시대미학의 경전, 천년의 시조가 자리하고 있습니다. 따라서 시조의 교과서는 시조여야 합니다. 섣부른 관종關種심리에 들떠서 자유시를 극복 상대로 삼아서는 안 됩니다.

이제라도 시조는 새로운 만남을 시작해야 합니다. 여기 50명의 시조인들의 작품 100편을 만나는 것으로 새로운 시조의 시대를 펼치고자 합니다. 〈들풀시조문학관〉의 이름으로 대한민국이 자랑스러운 이들과 가슴이 뜨거운 사람들과 민족시의 미래에 뿌리는 튼실한 씨앗이고자 합니다.

2025년 가을의 문턱에서

들풀시조문학관 관장 민병도

차례

PART 01 | 하루 한 줄, 나를 깨우는 우리시 필사 노트

기도실 • 14
미황사 • 16
아직, 거기 섬 있었네 • 18
스며들기 • 20
냉이 • 22
위양못 • 24
가을, 허수아비 • 26
만근萬斤인 줄 몰랐다 • 28
돌탑 앞에서 • 30
발가락 낙관 • 32
낮달의 행방 • 34
엄마는 편히 쉬시겠다 • 36
코스모스 • 38

별 • 40
목련 • 42
과녁 • 44
연리목 • 46
밥 한번 먹자 • 48
낙조 • 50
골목길 • 52
각시붕어 • 54
날개 • 56
그냥 • 58
연필로 쓰는 글자 • 60

꽃에게 별에게 그대에게

들풀 • 62
장국밥 • 64
초저녁 • 66
어머니와 어머니가 • 68
정녕코, 나는 • 70
루이비통 가방 • 72
젊은 도공 봄밤 같은 • 74
무명차無名茶를 마시다 • 76
잘못 뜬 스웨터를 푸는 시간 • 78
저녁의 두부 • 80
새벽달 • 82
병산 우체국 • 84
마중 • 86
나는 당신의 위성입니다 • 88

소 • 90
소금 어머니 • 92
물수제비 • 94
항아리 • 96
지독한 봄날 • 98
고흐의 저녁별 • 100
동백 • 102
경청 • 104
점자블록 • 106
고비사막 • 108
오천 원 • 110

차례

늙은 호박 • 112
거름망 • 114
숫눈길 • 116
초생달 • 118
추억 • 120
섬과 섬 • 122
녹명鹿鳴 • 124
낮잠 • 126
나침반 • 128
가축시장 • 130
딸에게 • 132
단란團欒 • 134
진달래 • 136
에워쌌으니 • 138
애월 바다 • 140
밥 도 • 142
아버지가 서 계시네 • 144

개화 • 146
달밤 • 148
청도淸道 • 150
보리피리 • 152
석굴암에서 • 154
반구천 암각화 • 156
입춘 • 158
홍매 • 160
산사로 가는 봄 • 162
꽃무릇 별사別辭 • 164
상사화 • 166
장작 • 168
슬픈 편대 • 170
파도의 일과 • 172

먹 • 174

묵은지 사랑 • 176

풀꽃 • 178

응시凝視 • 180

출렁다리 • 182

씨앗호떡 • 184

새들이 와서 • 186

시론詩論 • 188

지평선 • 190

과속방지턱 • 192

홍매 • 194

양말의 해맞이 • 196

로또 방송을 보며 • 198

비, 우체국 • 200

손톱에 달이 뜬다 • 202

소녀 • 204

사랑 • 206

춘주春晝 • 208

풀의 선택 • 210

아이야, 나무처럼 • 212

PART 02 | **작가 약력**

꽃에게
별에게
그대에게

기도실

울려고 갔다가
울지 못한 날 있었다

앞서 온 슬픔에
내 슬픔은 밀려나고

그 여자 들썩이던 어깨에
내 눈물까지 주고 온 날

강현덕

꽃에게 별에게 그대에게

미황사

단청을 다 털어낸 팔작집 대웅보전
달까지 끌어내어 절집 온통 새하얗다
어쩌나, 오늘밤 내내 눈이 부실 달마산

삐거덕 어간문 열며 세 부처님 나오시겠다
무릎은 좀 어떠신지요 서로 살펴도 보고
나란히 돌계단에 앉아 달빛 나눠 쬐시겠다

주춧돌 속 게와 거북 자하루 밑 소 그림자
다 닳은 발 움직여 그 옆에들 와 앉겠다
저 아래 파도도 달려와 야단법석 나겠다

꽃에게 별에게 그대에게

아직, 거기 섬 있었네

바다를 향해 앉으면
아직 거기 섬 있었네

수평선 가물가물
물새 한 마리 날려 보내고

밤이면 작은 불 켜고
홀로 참는 섬 있었네

고정국

꽃에게 별에게 그대에게

스며들기

맨발로 눈이 온다, 너와 나의 경계를 넘어
살갗이 살갗을 허물며 봄을 잉태하는 겨울
나무도 잎을 내리고 내 곁에 와 섰구나

외로운 손바닥 위에 온몸으로 녹아들기
소리 없는 발길 앞에 소리 없는 내 사랑이여
사랑이 그런 거였네, 제가 먼저 녹는 거

까마득 까마득한 허공에서 맴돌다가
그대 위해 목숨 버리고 눈으로 화한 혼백
사람의 온기를 찾아 여기 내려왔으니

아픈 자여, 그 곁에서 아프게 했던 자여
이제 다 맨발로 내려와 저 눈밭에 함께 서자
우리의 국경선에도 눈이 오고 있으니

꽃에게 별에게 그대에게

냉이

혀 같은 새순 나와 톱니가 되기까지

한 생을 엎드린 채 푸른 별을 동경했다

서릿발 밀어 올리는 조선의 저 무명치마

김덕남

위양못

젖내 문득 그리운 날 위양못 찾아간다

물속 하늘 날아가도 젖지 않는 백로 날개

높아서 더 깊어지는 새의 길이 보인다

신음도 진통제도 흘려보낸 못물 아래

푸드덕 깃을 치며 손 흔드는 고운 엄마

낮아서 더 넓어지는 물의 길을 읽는다

꽃에게 별에게 그대에게

가을, 허수아비

선 채로 늙어가는 그런 길도 있다는 걸

발목을 빠뜨린 채 한 생이 저문다는 걸

알면서 제 할 일 끝낸 저 넉넉한 파안대소

김소해

만근萬斤인 줄 몰랐다

거기 오래 당신 없어 고향집 쓰러질 듯
빈 집 애처로워 제값이라 팔았는데
이상한 거래도 다 있다 고향이 없어진

고향을 잃어버린 남의 동네 서먹하다
하늘과 바람이며 갯바위나 파도까지
덤으로 팔려버렸다 어이없이 밑진 장사

그게 그렇게 고향산천 떠받치는 줄 몰랐다
마당만 몇 평 값으로 팔았다 싶었는데
낡은 집 한 채 무게가 만근인 줄 몰랐다

돌탑 앞에서

간절한 게 참 많은 세상에 산다, 우린

곧추선 기도 위에 돌멩이 얹으려다

아니야, 손을 거둔다 욕심 하나 버린다

김영숙

발가락 낙관

볕 좋은 주말 아침 운동화를 빠는데
물에 불린 깔창 두 장 비누칠 하다 보니
과묵한 열 개의 눈이 나를 빤히 보지 뭐야

아무 일, 아무 일 없다고 모닝키스 해놓고선
구조조정 그까짓 것 아무것도 아니라고
나 믿지, 큰소리치며 출근 인사 해놓고선

몇 번이나 참을 인忍자 마음에 새겼으면
이 깊은 동굴에 와 낙관을 찍었을까
지렁이 울음소리로 혼자 눈물 삼켰을까

제철 조기 찌개 끓여 한라산 올린 밥상
못하는 술이라도 한두 잔 부딪히자
낮술의 힘을 빌려서 고백할까 당신 최고!

낮달의 행방

네거리 모퉁이에 허름한 슬레이트집

낮달이 소리 없이 들어와 놀다 간 뒤

한 켤레 해진 구두가 천연스레 놓여있다

김용주

엄마는 편히 쉬시겠다

연초록 새잎 트는
시냇가를 혼자 걷는다

-저 봐라, 수양버들,
실가지 면발 같은

엄마가 남긴 말씀이
실바람을 타고 돈다

때때로 말아주던
질긴 면발 멀건 국수

봄 들판 배불러라
실버들 또 늘어져

엄마는 편히 쉬시겠다,
국수 말 일 없는 봄

꽃에게 별에게 그대에게

코스모스

어룽어룽 분홍비
사분사분 하양비

호젓한 길 모롱이
서늘한 목덜미에

가려나 하마 가려나
쫴 오는 가을비

김일연

꽃에게 별에게 그대에게

별

연필을 깎아주시던 아버지가 계셨다

밤늦도록 군복을 다리던 어머니가 계시고

마당엔 흑연빛 어둠을 벼리는 별이 내렸다

총알 스치는 소리가 꼭 저렇다 하셨다

물뱀이 연못에 들어 소스라치는 고요

단정한 필통 속처럼 누운 가족이 있었다

꽃에게 별에게 그대에게

목련

겨우내 칩거하며
서수필을 묶었나 봐

잠이 덜 깬 화선지에
담묵으로 긋는 필력,

종갓집 높은 처마가
대궐처럼 훤하다

김장배

과녁

겨운 날 활터에서 낯선 활을 당겨본다
번번이 빗나가다 운이 좋게 다가가도
내 인생 한가운데는 맞힐 수가 없었다

삶도 한낱 무예일까 날과 기氣도 무딘 지금
펄펄하던 지난날이 초점을 흐려놓고
빗나간 화살 한 대는 행방마저 묘연하다

숨 고른 시간 앞에 조용히 활을 내리고
욕심의 핀을 뽑아 모난 마음 다스린다
마지막 남은 화살이 명중하길 바라며

연리목

연분홍 바람소리 시간을 멈춰놓고

사랑한다 사랑한다 뻐꾹새 풀어놓고

산그늘 앞섶 여미는 낙화암 위 노부부

김진희

꽃에게 별에게 그대에게

밥 한번 먹자

밀실처럼 식당에는 유리벽이 놓여있다
오래전 우리 사이 그 벽은 있었던 것
언젠가 밥 한번 먹자 지나치며 했던 말

눈길도 주지 않고 숟가락만 오가는데
설익은 말들이 밥알처럼 튕겨나고
다음에 우리 밥 한번 더 먹자 밥물처럼 끈적하게

꽃에게 별에게 그대에게

낙조

지금 막 몸이 붉은 물고기 한 마리가

물결을 헤치면서 심해로 뛰어든다

일시에 서해바다가 열꽃으로 꿈틀댄다

김희동

골목길

오래된 골목길은 한 그루 고목이다
한적한 가지마다 집들을 매어단 채
등 굽은 비탈길 위로 쓸쓸하게 저문다

바람이 불 때마다 덜컹대는 처마 끝
빼꼼히 열린 대문 기척을 살피는데
마당을 달려 나오는 밭은기침 낯익다

아무도 찾지 않는 독거의 늙은 나무
옹이진 조가지에 가만히 앉노라면
시간의 나이테 너머 새 한 마리 날아간다

각시붕어

반 지하 셋방에서
새각시들 둘러앉아

요리콤 조리콤
실밥을 딴다 밥을 딴다

온종일 맹물만 끓여도
하루해가 무겁다

남승열

꽃에게 별에게 그대에게

날개

나사를 조이다가 어긋난 나를 만난다
몇 번을 돌려봐도 제자리를 찾지 못해
무중력 상태가 되어 둥둥 떠다니는,

마음을 바짝 조여 안간힘을 써보지만
관절마다 삐걱이며 엇박자를 놓는다
궤도를 이탈한 행성 납작하게 멀어진다

밥풀때기 밤하늘에 구름 커튼 젖히고
잘 익은 별 한 송이 안겨주는 어린 왕자
나사를 반대로 돌려봐, 없던 창도 열릴 거야

가끔은 세상살이 뒤로도 걸어보고
바람 좋은 방향으로 지친 등을 맡겨보면
주먹이 쭈욱 펴지며 솟을 거야 날개가

그냥

그냥이란 말과 마냥 친해지고 싶다 나는
그냥 그냥 읊조리면 속된 것 다 빠져나가
얼마나 가벼워지느냐 그냥 그냥 또 그냥

문무학

꽃에게 별에게 그대에게

연필로 쓰는 글자

엄마가 그리우면 연필 또 깎고 싶다
뭉툭해진 촉 끝에 침 묻혀 쓰고 썼던
어머니 아닌 엄마를, 엄마, 엄마 써보려고

엄마라는 글자는 볼펜이나 만년필로
더 더욱 컴퓨터론 쓸 글자가 아니다
엄마는 연필로 써야 울 엄마가 되는 거다

찔레꽃 피던 장날 푸성귀 단 이고 가서
연필 두어 자루 사다 주던 우리 엄마
뼈 깎듯 그리운 오늘 연필 찾아 깎는다

꽃에게 별에게 그대에게

들풀

허구한 날 베이고 밟혀
피 흘리며 쓰러져 놓고

어쩌자고 저를 벤 낫을
향기로 감싸는지…

알겠네 왜 그토록 오래
이 땅의 주인인지

민병도

장국밥

울 오매 뼈가 다 녹은 청도 장날 난전에서
목이 타는 나무처럼 흙비 흠뻑 맞다가
설움을 붉게 우려낸 장국밥을 먹는다

5원짜리 부추 몇 단 3원에도 팔지 못하고
윤사월 뙤약볕에 부추보다 늘쳐져도
하굣길 기다렸다가 둘이서 함께 먹던…

내 미처 그때는 셈하지 못하였지만
한 그릇에 부추가 열 단, 당신은 차마 못 먹고
때늦은 점심을 핑계로 울며 먹던 그 장국밥

초저녁

풋잠과 풋잠 사이 핀을 뽑듯, 달이 졌다

치마꼬리 펄럭, 엄마도 지워졌다

지워져, 아무 일 없는 천치 같은 초저녁

박명숙

어머니와 어머니가

도랑치마 걷어올리고
도랑물 건너가네

마른 땅 끌던 꿈
허리에다 동여매고

물살에 정강이 찧으며
고픈 봄날 건너가네

어머니와 어머니가
나를 끌고 건너가네

뻐꾸기도 울지 않는
징검돌 없는 봄날

도랑물 밀어 올리며
도랑치마로 건너가네

꽃에게 별에게 그대에게

정녕코, 나는

꿀벌은 수천 번씩
나래 저어 꿀을 얻고

개미는 수백 번씩
밀고 당겨 먹이 얻는데

하루에 몇 시간이나,
몸 바쳐 시를 쓰나

박종구

꽃에게 별에게 그대에게

루이비통 가방

상하이 백화점에서 명품으로 아우성이네
아내는 사자하고 나는 외면했네
카드만 건네주고서 저 멀리 사라졌네

하룻밤 자고 나면 상처는 더욱 커져
시간의 반대편에서 또 다른 명품이네
어쩌나 식사 때마다 아내가 보이질 않네

여행은 뒷전이고 마지막 날 면세점
종소리 쫓아가듯 가방 찾아 헤매던
고단한 여행의 전리품, 일 년은 편하겠지

꽃에게 별에게 그대에게

젊은 도공 봄밤 같은

한밤중에 깨어나 불현듯 고쳐 쓰는
숙제 같고 화두 같은 시조 종장 마무리
졸다가 불길을 잡는 젊은 도공 봄밤 같은

백이운

무명차無名茶를 마시다

한 줌 검은 숯이 무쇠솥을 데워서
물이 끓기까지 차와 하나 되기까지
얼마나 무수한 세상이 지켜보는 것인가

함부로 말하지 마라 중심에 선 햇살들이여
찻물이 바닥날 즈음 떫을 법도 하건만
오묘함 잃지 않음을 누구에게 물어보랴

등 굽은 소나무가 종산宗山을 지키듯이
사람의 사는 일도 마치 저와 같아서
외로운 향기끼리 모여 무명차를 마신다

잘못 뜬 스웨터를 푸는 시간

실 하나로 연결된
몸통이 해체된다

허리가 무너지고
배와 가슴이 사라지고

잠깐을 울컥하는 사이
생生은 목만 남았다

서숙희

저녁의 두부

두부를 만지는 두부 같은 저녁은
적당하게 무르고 적당하게 단단하다
꾹 다문, 입이 몸이고 몸이 입인 흰 은유

으깨져 닫혀버린 축축한 기억들
경계도 격정도 고요히 순장되어
창백한 무덤으로 앉은 한 덩이 직육면체

잔뼈처럼 가지런한 알전구 불빛 아래
표정 없이 저무는 식물성 적막 속으로
수척한 자폐의 저녁이 허기처럼 고인다

새벽달

예순이 넘은 아들
오늘도 힘들까 봐

하늘 문 빼꼼 열고
응원하는 어머니

꼿꼿이 허리 펴라고
주눅 들지 말라고…

서일옥

꽃에게 별에게 그대에게

병산 우체국

이름 곱고 담도 낮은 병산 우체국은

해변 길 걸어서 탱자 울을 지나서

꼭 전할 비밀 생기면 몰래 문 열고 싶은 곳

어제는 비 내리고 바람 살푼 불더니

햇살 받은 우체통이 칸나처럼 피어 있다

누구의 애틋한 사연이 저 속에서 익고 있을까

마중

당신이 오시기에 12월은 봄입니다

열차가 닿고 있는 플랫폼에 아지랑이

동동동 내 까치발에 얼음꽃, 봄입니다

성국희

꽃에게 별에게 그대에게

나는 당신의 위성입니다
-나의 나타샤에게

당신의 궤도 밖을 떠나본 적 없습니다
무수히 지는 별들 목격하며 손 흔들며
쉼 없이 새기는 서사, 기울고 또 찹니다

당신 상처 곳곳에 핀 꽃잎들 어루만지며
파도치는 당신 가슴 나도 함께 철썩이며
깊은 밤 마음 한 자락 몰래 풀어 둡니다

잠 못 든 당신 곁에 자장가로 머물다가
꽃잠 속 플랫폼에 두 팔 벌린 맨발 마중,
당신 품 그 궤도 안에 공전하는 중입니다

꽃에게 별에게 그대에게

소

가끔, 소는 목을 돌려
제 꼬리에 입 맞춘다

꼬리 또한 마침맞게
입을 슬쩍 쓸어준다

너 있어
내가 산다며
서로에게 경배하듯

신필영

소금 어머니

간이역 몇 정거장 완행열차 같은 봄날

꽃 피듯 그 꽃 지듯 제 품에 녹아들어

속 넓은 항아리 가득 장맛으로 배어 있는

밑간이 짙을수록 음식 맛은 덜하다며

참으로 짜지 않게 그러나 간간하게

말수도 웃음소리도 고명으로 얹던 당신

물수제비

때로는 별이다가
눈 시린 웃음이다가

그대와 나 사이에
연줄 끊긴 기억이다가

지금은 그윽한 심연
흩어지는 물그림자

심석정

항아리

결 고운 황토 흙에 정갈한 물을 붓고
그대 그리는 맘 둥글게 사려 담아
손금에 쌓인 세월도 무늬 새겨 넣습니다

무른 듯 설익은 나도 불가마에 던집니다
서서히 불이 달면 잿빛 어둠 엷어지고
단단히 옹근 매무새 새 목숨을 받습니다

옷섶을 여며 앉아 먼 하늘 우러릅니다
내 살 속 출렁이는 불 든 상처 헹군 자리
정화수 항아리 가득 맑은 빛을 냅니다

꽃에게 별에게 그대에게

지독한 봄날

아버지 무덤가에 핀 제비꽃을 옮겨왔더니

"내 새끼야" "내 새끼야" 비밀한 음성으로

내 몸을 친친 감는 며칠 지독한 봄날이다

옥영숙

꽃에게 별에게 그대에게

고흐의 저녁별

테오야, 어제그제 행복한 꿈 꾸었어
밀밭과 구름 사이 찾아온 까마귀 떼
서둘러 화구에 담을 물감을 챙겼단다

높게 솟은 종탑과 불 꺼진 성당 지나
가다가 지친 날은 어디서 돌아설까
길 끝에 황금색 들녘 애간장을 녹인다

먼 이역 낯선 땅은 마음 둘 곳 없어서
한 낮도 어둠 같아 뭇별을 그려 넣고
다락방 창문을 열어 북극성 바라본다

동백

그대 맘에 묻힌다면
눈 속이어도 좋아라

언제나 함께라면
창파여도 좋아라

꼿꼿이 손 꼭 잡은 채
숨이 지면 더 좋아라

우정숙

경청

이름 모를 꽃이라고 텃밭의 잡초라고
멱살 잡고 뽑았다 살랑살랑 웃었다
자세히 들여다보니 너도 예쁜 꽃이었다

선명한 이름 앞엔 호미 끝을 조심하는,
이름값에 몸 낮추는 별수 없는 나를 보며
솔직한 가시거리는 겉과 속이 같았을까

있다 없다 좋다 싫다 옳고 그름 견주며
휘둘리지 않았는지 사려 깊게 살았는지
풀내음 초록초록한 열띤 강연 듣는다

꽃에게 별에게 그대에게

점자블록

무심코 밟은 바닥이 누군가의 눈이었다

손을 내민 듯한 울퉁불퉁한 촉수였다

틈 사이 갇혀 있었던 누군가의 길이었다

윤경희

꽃에게 별에게 그대에게

고비사막

걸어가는 길이 늘 순탄치만은 않아
모래바람 앞에 마음 쉬이 흔들린다
이쯤서 그냥 돌아설까 반쯤 묻힌 나를 본다

후회의 머리카락이 늘어질 때마다
나를 끌어당기는 누군가의 숨소리
겁 없이 여기까지 온 욕심들을 털어내고

꼿꼿한 몸을 낮추니 발걸음이 가볍다
아무리 불어와도 제 아무리 흔들어도
쉽사리 쓸려가지 않는 사막의 등을 보았다

오천 원

가끔은 꿈을 꾸고
구름처럼 부풀어서

누구에게도 말 안 하고
한두 장씩 사곤 했지

내 생에 로또 당첨금!
너 이상은 없었다

이남순

늙은 호박

있음과 없음일랑 마음이 짓는 헛것

바람을 등에 업은 품새 한 번 넉넉하다

견뎌낸 숱한 땡볕을 옹골차게 매달았다

사늑히 안고 우는 범종을 닮았구나

때때로 이슬 사리 온몸에 맺어놓고

줄기가 비틀어지도록 익었다, 니르바나

거름망

들꽃 차를 우리면서 팽주가 던지는 말

꽃 같은 사람이라도 적당히 뜸을 들여

차근히 걸러봐야지 그 속을 알 수 있다

이두의

숫눈길

어디를 밟고 가도 정상을 만나겠지만
누군가 먼저 떠난 발자국을 따라가면
처음이 소중하다는 것을 몸소 알게 된다

내 뒤를 따라와도 헛발질 되지 않게
칼바람과 씨름으로 맞서는 나무들처럼
바른길, 하나 트면서 겨울 산을 오른다

꽃에게 별에게 그대에게

초생달

폐가 지붕 위에 혼자 핀 박꽃 같은

동그마한 마당 한쪽 자지러진 넝쿨 사이

고양이 앙칼진 울음 꼭 그만한 발톱 자국

이서원

추억

홍시 한 접 머리 이고 어림잡아 시오리 길
안강 장날 좌판 위에 가지런히 쌓아놓으면
어머니 시린 두 손도 홍시처럼 붉었다

오가는 사람들의 눈빛들을 좇아가며
"이거 좀 잡사보소 참 달고 맛있니더"
눌러쓴 무명 수건이 까닭 없이 서러웠다

짧아도 긴 겨울 해 뒷산에 놀이 지면
치맛자락 붙들면서 집에 가자 보챘었지
못 다 판 터진 홍시가 눈물인 줄 모르고

개망초 꽃지듯이 허물어진 담장 아래
세월도 잎새인 양 먼 산 보듯 앉았는가
남겨둔 까치밥 두엇 가지 끝에 환한 날

섬과 섬

너와 나 마주보는 그리움의 연대였다

해와 달 나눠 갖고 별빛 서로 견주며

파도가 거세질수록 맞은편 더 살폈다

이숙경

녹명 鹿鳴
-소록도에서

한나절 낫질한 비 쓰러져 흥건하다
살갗에 파고들어 가슴 뭉툭 고이는
목이 쉰 그 울음소리 이명으로 들린다

씻겨진 고요 속에서 더욱이 또렷해져
이제야 눈에 드는 꽃잎도 애절한 봄
햇살에 물크러지는 눈사람처럼 서 있다

사는가 살아가는가 파도치는 물음을
아프게 짚어가던 손가락 마디마디
불거진 눈동자에는 흰 물새가 살았다

낮잠

풀밭에 가만 누워 하늘에 눈을 주면
반걸음에 반걸음씩 구름이 내려와서
비워둔 내 이마 위로 꿈 한 채를 낳는다

이승은

꽃에게 별에게 그대에게

나침반

아무 곳에 갖다 놓아도 슬쩍 돌려놓아도

쫑긋, 바늘귀가 정방正方을 가리키던

아직도 그런 사람이 있는 줄만 알았습니다

얽매임 없는 구름처럼 부대낌 없는 술처럼

먼 눈빛에 갈마들어 손길 더워 온다면

유쾌한 불가능으로 꽃이 져도 좋습니다

가축시장

영문도 모른 채 엄마와 헤어지고

눈물 그렁그렁 울음 우는 송아지

꽃피고 꽃 지는 봄날 하늘 한 쪽 시리다

이승현

꽃에게 별에게 그대에게

딸에게

밤새 책 읽던 딸이 울컥 코피를 쏟는다
또 다른 붉은 의지로 척추를 세우는 시간
인생의 험한 항로에 당당하게 서는 것처럼

끝내 곧추서려는 너의 옹골찬 힘 하나로
밤바다 거친 물살 헤쳐 딛고 일어서야
언젠가 떠오르는 해 볼 수 있지 않겠니

눈까풀의 무게가 해일만큼 무거워도
스스로 눈 감으며 주저앉지 말아라
바다도 풍랑이 없다면 끝내 썩고 마는 것

단란 團欒

아이는 글을 읽고
나는야 수를 놓고

심지 돋우고
이마를 맞대이면

어둠도
고운 애정에
삼가는 듯 둘렀다

이영도

꽃에게 별에게 그대에게

진달래
-다시 4·19날에

눈이 부시네 저기
난만히 멧등마다

그날 쓰러져 간
젊음 같은 꽃사태가

맺혔던
한이 터지듯
여울여울 붉었네

그렇듯 너희는 지고
욕辱처럼 남은 목숨

지친 가슴 위엔
하늘이 무서운데

연연히
꿈도 설워라,
물이 드는 이 산하山河

에워쌌으니

에워쌌으니 아아 그대 나를 에워쌌으니
향기로워라 온 세상 에워싸고 에워쌌으니
온 누리 향기로워라 나 그대 에워쌌으니

이정환

꽃에게 별에게 그대에게

애월 바다

사랑을 아는 바다에 노을이 지고 있다

애월, 하고 부르면 명치끝이 저린 저녁

노을은 하고 싶은 말들 다 풀어놓고 있다

누군가에게 문득 긴 편지를 쓰고 싶다

벼랑과 먼 파도와 수평선이 이끌고 온

그 말을 다 받아 담은 편지를 전하고 싶다

애월은 달빛 가장자리, 사랑을 하는 바다

무장 서럽도록 뼈저린 이가 찾아와서

물결을 매만지는 일만 거듭하게 하고 있다

밥 도

나이 쉰다섯에 과수가 된 하동댁이
남편을 산에 묻고 땅을 치며 돌아오니
여든둘 시어머니가 문에 섰다 하시는 말

이종문

아버지가 서 계시네

순애야~ 날 부르는 쩌렁쩌렁 고함 소리
무심코 내다보니 대운동장 한복판에
쌀 한 말 짊어지시고 아버지가 서 계셨다

어구야꾸 쏟아지는 싸락눈을 맞으시며
새끼대이 멜빵으로 쌀 한 말 짊어지고
순애야~ 순애 어딨노? 외치시는 것이었다

너무도 황당하고 또 하도나 부끄러워
모른 척 엎드렸는데 드르륵 문을 열고
쌀 한 말 지신 아버지 우리 반에 나타났다

순애야, 니는 대체 대답을 와 안 하노?
큰집 제사 오는 김에 쌀 한 말 지고 왔다
이 쌀밥 묵은 힘으로 더 열심히 공부해래

하시던 울 아버지 무덤 속에 계시는데
싸락눈 내리시네, 흰 쌀밥 같은 눈이
쌀 한 말 짊어지시고 아버지가 서 계시네

개화

꽃이 피네 한 잎 한 잎
한 하늘이 열리고 있네

마침내 남은 한 잎이
마지막 떨고 있는 고비

바람도 햇볕도 숨을 죽이네
나도 아려 눈을 감네

이호우

달밤

낙동강洛東江 빈 나루에 달빛이 푸릅니다
무엔지 그리운 밤 지향 없이 가고파서
흐르는 금빛 노을에 배를 맡겨 봅니다

낯익은 풍경이되 달 아래 고쳐 보니
돌아올 기약 없는 먼 길이나 떠나온 듯,
뒤지는 들과 산들이 돌아 돌아 뵙니다

아득히 그림 속에 정화淨化된 초가집들,
할머니 조웅전趙雄傳에 잠들던 그날 밤도
할버진 율律 지으시고 달이 밝았더이다

미움도 더러움도 아름다운 사랑으로
온 세상 쉬는 숨결 한 갈래로 맑습니다
차라리 외로울망정 이 밤 더디 새소서

청도 淸道

그곳에 가보면
다디단 그리움 있다

오래 담긴 조선 항아리
노을빛 감물 확 번져

투명한 마을 입구가
복사꽃같이 따뜻하다

임성구

보리피리

백월산 가는 길 청보릿대 꺾어 뭅니다
닐리리 피리 불면 청음계 위 부화한 나비
먼 곳의 어머니에게 냉이꽃 편지 띄웁니다

예전에 못 한 말을 소지하듯 올려놓으면
날아가는 새들은 어찌 알아 적으셨는지
행간에 피어난 시린 말씀, 뜨겁게 데웁니다

절절절 끓는 피가 여장 풀고 웃는 시간
길 밖에 핀 꽃들에게 명찰을 달아 주고
다문화 어머님께도 손 내미는 봄입니다

꽃에게 별에게 그대에게

석굴암에서

눈 감고 가부좌 튼
부처님 콧잔등에

왕파리 한 마리가
손발을 비벼댄다

나 또한
그 파리 앞에
머리 가만 조아린다

임성화

반구천 암각화

반구천 암각화에 힘 좋은 사내 산다
허리에 돌칼 차고 딩각을 불어가며
한 무리 떠나는 사냥 무사 귀환 기원하는

불콰한 노을 앞에 땅 쿵쿵 북을 치고
모닥불 원을 돌며 우샤우샤 춤을 추다
뭍으로 올라온 고래 혼을 돌려 보낸다

중천에 달이 뜨면 객귀 어린 벼랑마다
정을 쪼아 새겨놓은 그 사내 일기장에
반구천 돌아든 물길 소리 없이 흐른다

꽃에게 별에게 그대에게

입춘

그래, 너와 나는
오늘처럼만 살자

시작은 주저 없이
끝도 아쉽지 않게

서로가
서로를 세운
해와 달 저 모습처럼

장계원

꽃에게 별에게 그대에게

홍매

웃자라 넘친 가지 자르고 쳐냈건만
아픔도 기쁨이란 듯 남몰래 붉어진 꽃
서너 개 피워낸 꽃잎 온 뜨락이 환하다

우러러 무릎 꿇리는 눈이 부신 저 소명
미련을 다 지우면 나도 저리 환하려나
또 하나 꽃잎이 필까, 설친 잠을 깨운다

산사로 가는 봄

살겠다 살겠다고 냇물이 속살대자

알겠다 알겠다고 꽃잎들이 사운댄다

동안거 스님 여윈 볼 분홍 꽃물 발그레

전연희

꽃에게 별에게 그대에게

꽃무릇 별사別辭

남겨 둔 발자국을 그대 딛고 돌아오라
살풀이 긴 자락을 모둠발로 내린 자리
뜨거워 눈을 감으면 가슴속도 불길이다

눈물은 별빛의 씨 뿌리 속 젖는 온기
헝클린 길을 닦아 붉은 살점 뚝뚝 진다
스러져 뼈마저 녹아 빈 하늘이 고이도록

오가는 꽃잎끼리 받드는 소신공양
명치에 갇힌 돌이 이보다 가벼우리
한 무리 지는 꽃 앞에 맑게 우는 종소리

꽃에게 별에게 그대에게

상사화

그가 섬에 오는데
나는 섬을 떠나네

너울너울 너울파도
뱃길은 또 어긋나

나 대신 그는 갇히고
나는 홀로 떠도네

정경화

장작

그대에게 가는 길은 내 절반을 쪼개는 일
시퍼런 도끼날이 숲을 죄다 흔들어도
하얗게 드러난 살결은 흰 꽃처럼 부시다

그대 곁에 남는 길은 불씨 한 점 살리는 일
바람이 외줄을 타는 곡예 같은 춤사위에
외마디 비명을 감춘 채 아낌없이 사위어 간다

그대 안에 이르는 길은 기어이 재가 되는 일
화농으로 굳은 상처 달빛으로 닦다 보면
비로소 쌓이는 적멸, 솔씨 하나 묻는다

슬픈 편대

허공을 찢으며 우는 기러기 떼 발톱이여

멀건 국물에 뜬 노숙의 눈발이여

한평생 오금이 저릴 저 강변의 아파트여

정수자

파도의 일과

청이 딱히 없어도 맨발로 내닫는 건

바람과 손잡은 파도의 오랜 비밀

푸르른 등을 미는데 흰 속곳 춤이라니!

더러는 하품이고 거품뿐인 일과라도

바위야 부서져라 껴안고 굴러보듯

필생의 운필을 찾아 눈썹이 세었다고

파도의 투신으로 해안선이 완성되듯

모래를 짓씹으며 달리리니 라라라

지면서 매양 칠하는 노을의 화법처럼

꽃에게 별에게 그대에게

먹

그대 몸에 듬뿍 묻어 한 획으로 남고 싶다

사지의 벌판 위를 거침없이 내닫다가

일순에 천지를 가르는 대자보가 되고 싶다

정용국

꽃에게 별에게 그대에게

묵은지 사랑

제 곁에 다가오는 새침한 손님들도
언제나 마다 않고 품 안에 그러안는
둥글고 깊은 궁리는 어디에서 온 건지

햇김치에 밀려나고 군둥내 어설퍼도
마스크에 갇혀 있던 곰삭은 속내들을
쭈그렁 양은냄비에 옹골지게 펼친다

헐한 한 끼 컵라면도 쿰쿰한 홍어회도
살갑게 손 내밀어 뭉근히 잡아주는
너는 늘 내 편이었어 눈물까지 따듯한

풀꽃

영원을 쪽빛으로 미소 짓는 하늘 향해

발돋움한 들풀들이 바람에 흔들리며

작은 손 활짝 펴들고 잔별 돋듯 꽃 핍니다

정해송

응시 凝視

못에 비친 하늘처럼 내 안에서 누가 본다

고요의 무게 속에 피고 지는 생각들을

없는 듯 그가 숨 쉬며 지켜보는 이 한때

잎 지는 소리를 듣고 있는 내가 있고

듣고 있는 나를 보는 이 뿌리는 무엇인가

계절도 걸음 멈춘 채 유리창에 타고 있다

출렁다리

나 여기 출렁이면 당신 거기 받아주오

당신 거기 흔들리면 나 여기 견디리다

달빛이 이승을 건넌다 숨이 멎는 물빛

정희경

꽃에게 별에게 그대에게

씨앗호떡

남포동 고소한 줄 운촌시장 건너왔다
마흔둘 이력 적힌 노총각의 종이컵
차지게 늘어진 오늘 따뜻하게 담겼다

몇 번을 주물러서 숙성된 햇살덩이
고시원 전전하다 발길이 멈춰 있다
씨앗을 가슴에 품어 발아하는 내일처럼

구름이 모여 사는 운촌시장 그 처마 끝
뜨거운 프라이팬 버터기름 흥건해도
씨앗은 손길을 따라 한 송이 꽃 부푼다

꽃에게 별에게 그대에게

새들이 와서

오늘 저 나무들이 파릇파릇 눈 뜨는 것은
이 며칠 새들이 와서 재잘댔기 때문이다
고 작은 부리로 연신 불러냈기 때문이다

조동화

시론 詩論

가령 화폭에다 산 하나를 담는다 할 때
그 뉘도 모든 것을 다 옮길 순 없다
이것은 턱없이 작고 저는 너무 크므로

그러나 그렇더라도 요량 있는 화가라면
필경은 어렵잖이 한 법을 떠올리리
고삐에 우람한 황소 이끌리는 그런 이치!

하여 몇 개의 선, 얼마간의 여백으로도
살아 숨 쉬는 산 홀연히 옮겨오고
물소리, 솔바람소리는 덤으로 얹혀서 온다

꽃에게 별에게 그대에게

지평선

떠안은 기도 무거워 주저앉은 하늘과

오르려 발버둥쳐도 어림없던 땅이 만나

달동네 골목에 보낼 달 한 덩이 낳는다

최재남

과속방지턱

골목길 끌고 가는 폐지 실은 리어카 한 대
샛노란 폴리스라인 앞 불심검문 걸렸다
다 쓰고 버려진 일상 주워 담았을 뿐인데

다그치는 경적마다 휘어지는 굽은 허리
무엇을 내려놓아야 또 하루가 넘어가나
점점이 느려지는 걸음 노을이 와 밀어준다

꽃에게 별에게 그대에게

홍매

홍매화 혼자 사는
기찻길 옆 외딴집

스레트 낡은 지붕
꽃가지 휘어 덮고

이 봄엔 주인이 올까
기적소리 지킨다

최화수

꽃에게 별에게 그대에게

양말의 해맞이

새해 아침 양말들이 해맞이를 하고 있네
베란다 빨래걸이에 오순도순 걸터앉아
동녘의 햇귀 당기네 언 발을 호호 불며

다랑논 오르막길에 늘쳐진 할아버지와
갓 걸음마 앙증맞은 꼬꼬마 손주들도
척 척 척 발을 맞추네 벅찬 꿈을 다지며

기죽은 외짝들도 덥석덥석 새 짝을 맞아
색 달라도 도란도란, 엇난 무늬도 끄덕끄덕…
짝짝이 저 미쁜 결의決意, 아픔마저 부시네

꽃에게 별에게 그대에게

로또 방송을 보며

무심코 돌린 채널
"쏘세요. 하나, 둘, 셋"

불확실한 미래를 향해
카운트 하고 있는

한평생
누군가에게 나는
횡재였나 등짐이었나

하순희

꽃에게 별에게 그대에게

비, 우체국

난 한 촉 벌고 있는 소액환 창구에서
얼어 터져 피가 나는 투박한 손을 본다
"이것 좀 대신 써 주소, 글을 씰 수 없어예."

꼬깃꼬깃 접혀진 세종대왕 얼굴 위로
검게 젖은 빗물이 고랑이 되어 흐른다
"애비는 그냥저냥 잘 있다. 에미 말 잘 들어라."

갯벌 매립 공사장, 왼종일 등짐을 져다 나르다
식은 빵 한 조각 콩나물국밥 한술 속으로
밤새운 만장의 그리움, 강물로 뒤척인다

새우잠 자는 부러진 스치로폼 사이에
철 이른 냉이꽃이 하얗게 피고 있다
울커덩 붉어지는 눈시울, 끝나지 않은 삶의 고리

꽃에게 별에게 그대에게

손톱에 달이 뜬다

그믐달,
선지피 닮은
서늘한 입김 있어

짓이긴 핏물 머금고
첫사랑 기다린다

불그레 두근거리는
손톱 위의 봉숭아물

한분순

꽃에게 별에게 그대에게

소녀

1.

햇살에 그을리는 건
꼭 살빛만은 아니다

바람에 눈을 다치는 건
입맞춤만이 아니다

꽃비늘
다투어 흐르는 뜰에
마악 꿈길 트인다

2.

곧 봄이 지겠지
하 많은 눈물을 접어

희고 말간 속살에
한 점 혈흔을 뿌리노니

아씨야
참 예쁜 아씨야
휘이휘이 날개를 달자

사랑

봄 물보다 깊으니라
가을 산보다 높으니라

달보다 빛나리라
돌보다 굳으리라

사랑을 묻는 이 있거든
이대로 말하리

한용운

춘주 春晝

봄날이 고요키로 향香을 피고 앉았더니
삽살개 꿈을 꾸고 거미는 줄을 친다
어디서 꾸꾹이 소리 산을 넘어 오더라

따슨 볕 등에 지고 유마경維摩經 읽노라니
가벼웁게 나는 꽃이 글자를 가리운다
구태여 꽃 밑 글자를 읽어 무삼 하리요

대실로 비단 짜고 솔잎으로 바늘 삼아
만고청萬古靑 수를 놓아 옷을 지어 두었다가
어즈버 해가 차거던 우리님께 드리리라

풀의 선택

밟혀도 다시 일어나
고개 들 줄 아는 것

바람이 와 흔들면
꽃필 줄도 아는 것

저것 봐!
운명이라는 건
자발적 선택이라는 것

한희정

아이야, 나무처럼

비탈 선 나무들은 제 스스로 중심 잡는대
휘면 휜 대로 낮으면 낮은 대로
돌 움켜 생사를 넘듯 뿌리를 내린단다

이따금 언쟁에도 함께 사는 법을 배워
재촉하지 않아도 스스로 피고 지는
때 되면 몸살을 앓던 산벚꽃도 환하다

아이야, 흔들릴수록 중심을 찾아가지
곶자왈 나무처럼 네가 선 그 자리에
꿈 찾는 이역만리가 발아래 버틴단 걸

작가 약력

강현덕 1994년 중앙일보 신춘시조 당선, 1995년 조선일보 신춘문예 당선
고정국 1988년 조선일보 신춘문예 당선
김덕남 2011년 국제신문 신춘문예 당선
김소해 1983년 현대시조 이우종 선생님 2회 추천
김영숙 2006년 시선 당선
김용주 2009년 시조세계, 대구문학 당선
김일연 1980년 시조문학 천료
김장배 2017년 국제신문 신춘문예 당선
김진희 1997년 경남신문 신춘문예 당선
김희동 2007년 월간문학 신인상 당선
남승열 1997년 한밭 시조백일장 장원
문무학 1982년 월간문학 신인작품상 당선
민병도 1976년 한국일보 신춘문예 당선
박명숙 1993년 중앙일보 신춘문예 당선
박종구 2012년 월간문학 당선
백이운 1977년 시문학 추천 완료
서숙희 1992년 매일신문, 부산일보 신춘문예 당선
서일옥 1990년 경남신문 신춘문예 당선
성국희 2011년 서울신문, 농민신문 신춘문예 당선
신필영 1983년 한국일보 신춘문예 당선
심석정 2004년 시조문학 당선
옥영숙 2000년 매일신문 신춘문예 당선
우정숙 2014년 시조21 신인상 당선
윤경희 2006년 유심 신인문학상 당선
이남순 2008년 경남신문 신춘문예 당선

이두의 2011년 시조시학 당선
이서원 2008년 부산일보 신춘문예 당선
이숙경 2002년 매일신문 신춘문예 당선
이승은 1979년 만해백일장 장원, KBS·문공부 전국민족시대회 장원
이승현 2003년 유심 당선
이영도 1916-1976. 1946년 5월 죽순 창간호에 제야 발표로 등단
이정환 1981년 중앙일보 신춘문예 당선
이종문 1993년 경향신문 신춘문예 당선
이호우 1912-1970. 1940년 문장지에 달밤으로 등단
임성구 1994년 현대시조 당선
임성화 1999년 매일신문 신춘문예 당선
장계원 2015년 부산일보 신춘문예 당선
전연희 1988년 시조문학 천료
정경화 2001년 동아일보, 농민신문 신춘문예 당선
정수자 1984년 세종숭모제 전국시조백일장 장원
정용국 2001년 시조세계 신인상 당선
정해송 1978년 현대시학 당선
정희경 2010년 서정과현실 당선
조동화 1978년 중앙일보 신춘문예 당선
최재남 2008년 시조21 신인상 당선
최화수 2011년 시조시학 당선
하순희 1991년 경남신문, 1992년 서울신문 신춘문예 당선
한분순 1970년 서울신문 신춘문예 당선
한용운 1879-1944. 독립운동가, 3·1 독립선언서 민족대표 33인
한희정 2005년 시조21 신인상 당선

216